BEI GRIN MACHT SICH IHR WISSEN BEZAHLT

- Wir veröffentlichen Ihre Hausarbeit,
  Bachelor- und Masterarbeit

- Ihr eigenes eBook und Buch -
  weltweit in allen wichtigen Shops

- Verdienen Sie an jedem Verkauf

Jetzt bei www.GRIN.com hochladen und kostenlos publizieren

Louisa Scherr

Aus der Reihe: e-fellows.net stipendiaten-wissen

e-fellows.net (Hrsg.)

Band 1474

Symbole der Unterdrückung und ihre Wirkungen auf das Volk

GRIN Verlag

Bibliografische Information der Deutschen Nationalbibliothek:

Die Deutsche Bibliothek verzeichnet diese Publikation in der Deutschen National-
bibliografie; detaillierte bibliografische Daten sind im Internet über http://dnb.d-
nb.de/ abrufbar.

Dieses Werk sowie alle darin enthaltenen einzelnen Beiträge und Abbildungen
sind urheberrechtlich geschützt. Jede Verwertung, die nicht ausdrücklich vom
Urheberrechtsschutz zugelassen ist, bedarf der vorherigen Zustimmung des Verla-
ges. Das gilt insbesondere für Vervielfältigungen, Bearbeitungen, Übersetzungen,
Mikroverfilmungen, Auswertungen durch Datenbanken und für die Einspeicherung
und Verarbeitung in elektronische Systeme. Alle Rechte, auch die des auszugsweisen
Nachdrucks, der fotomechanischen Wiedergabe (einschließlich Mikrokopie) sowie
der Auswertung durch Datenbanken oder ähnliche Einrichtungen, vorbehalten.

Impressum:

Copyright © 2013 GRIN Verlag, Open Publishing GmbH
Druck und Bindung: Books on Demand GmbH, Norderstedt Germany
ISBN: 978-3-668-00469-6

Dieses Buch bei GRIN:

http://www.grin.com/de/e-book/301402/symbole-der-unterdrueckung-und-ihre-
wirkungen-auf-das-volk

GRIN - Your knowledge has value

Der GRIN Verlag publiziert seit 1998 wissenschaftliche Arbeiten von Studenten, Hochschullehrern und anderen Akademikern als eBook und gedrucktes Buch. Die Verlagswebsite www.grin.com ist die ideale Plattform zur Veröffentlichung von Hausarbeiten, Abschlussarbeiten, wissenschaftlichen Aufsätzen, Dissertationen und Fachbüchern.

Besuchen Sie uns im Internet:

http://www.grin.com/

http://www.facebook.com/grincom

http://www.twitter.com/grin_com

Seminararbeit im Seminarkurs „Zeichen"

Louisa Scherr

Gesellschaftswissenschaftlicher Bereich

Jahrgang 11

2012/2013

Symbole der Unterdrückung

-

Welche Wirkung hatten sie auf das Volk?

Inhalt

1. Einleitung

In der folgenden Seminararbeit geht es um Symbole der Unterdrückung. Grundlegende Definitionen der Begriffe Unterdrückung und Symbol folgen daher im Rahmen dieser Arbeit. Bei diesem Thema ist grundsätzlich zwischen zwei verschiedenen Arten von Symbolen der Unterdrückung zu unterscheiden.

Auf der einen Seite gibt es die aktiven Unterdrückungssymbole, auf der anderen die passiven. Der Unterschied liegt darin, dass die aktiven Unterdrückungssymbole gezielt der Unterdrückung einer Minderheit dienen sollen und in der Regel Zwangskennzeichen sind, während die passiven Unterdrückungssymbole nicht gezielt eingesetzt werden, sondern vielmehr von der Bevölkerung als solche wahrgenommen werden.

Zudem wird in dieser Seminararbeit ein aktuelles Beispiel – die Zwangskennzeichnung von Hindus in Afghanistan – unabhängig von diesen beiden Symbolarten aufgeführt. Anhand dieses Beispiels wird sich zeigen, dass dieses Thema kein rein historisches Thema ist, sondern auch heute noch den Anspruch besitzt, beachtet und überdacht zu werden.

Es gibt viele verschiedene Beispiele für Unterdrückungssymbole beider Arten. Die Seminararbeit führt - und dies muss vor allem im Bezug auf die aktiven Unterdrückungssymbole betont werden - nur solche auf, die auch tatsächlich als solche wahrgenommen werden müssen. Daher wird beispielsweise der Schleier als Kleidungsstück einer muslimischen Frau nicht als Unterdrückungssymbol aufgeführt. Dieses Beispiel ist sehr ambivalent und es lässt sich hier nicht eindeutig sagen, ob es sich um ein Symbol der Unterdrückung handelt, da die Bedeutung des Schleiers von Heimatland, Alter, sowie anderen Faktoren abhängt.

1.1 Die Leitfrage

Die Leitfrage der Seminararbeit ist, welche Wirkung solche Symbole der Unterdrückung auf die Bevölkerung hatten und im Zuge dessen auch, ob sich die Absicht, die dahinter steckte und die Wirkung auf das Volk immer entsprachen, oder ob es hier auch Divergenzen gegeben hat.

1.2 Definition des Begriffes Unterdrückung

Zunächst einmal soll der Begriff Unterdrückung definiert werden. Bei Unterdrückung handelt es sich um ein gewaltsames Niederhalten einer benachteiligten Gruppe oder Minderheit, die oft mit Ausbeutung einher geht.[1] Unterdrückung kann sich nach Iris Young in fünf verschiedenen Aspekten äußern. Diese sind neben den eben genannten Aspekten Gewalt und Ausbeutung auch Kulturimperialismus, Machtlosigkeit und Marginalisierung. Letztere spielt im Bezug auf Symbole, die der Unterdrückung dienen sollen, insofern eine Rolle, dass es sich hierbei der Definition nach um eine soziale, ökonomische und/oder politische Abdrängung einer Gruppe handelt.

1.3 Definition des Begriffes Symbol

Im Allgemeinen werden Symbole als Zeichen definiert, die einen tieferen Sinn andeuten und einen bestimmten Begriff oder Vorgang repräsentieren sollen.[2]

In der folgenden Arbeit wird als Symbol alles bezeichnet, was eine bestimmte Gruppe markiert oder was eindeutig als stellvertretendes Zeichen für eine solche Gruppe erkannt werden kann und deutlich im Zusammenhang mit Unterdrückung steht.

2. Aktive Unterdrückungssymbole

Als aktive Symbole der Unterdrückung werden in dieser Arbeit solche bezeichnet, die bewusst der Unterdrückung oder Stigmatisierung einzelner Randgruppen oder Minderheiten innerhalb der Gesellschaft dienen. Das heißt, diese werden von einer herrschenden Gruppe oder einem einzelnen Herrscher gezielt dazu eingesetzt, um Menschen als Außenseiter der Gesellschaft zu kennzeichnen. Im Folgenden soll als Beispiel für aktive Unterdrückungssymbole die Farbe Gelb im deutschsprachigen Raum behandelt werden und anhand dessen die Leitfrage der Seminararbeit beantwortet werden.

---

[1]Hierzu, sowie zum Folgenden vgl.: Young, Iris Marion: Fünf Formen der Unterdrückung. In: Horn, Christoph/Scarano, Nico: Philosophie der Gerechtigkeit, Frankfurt 2002, S. 428-445
[2]Vgl.: Bäumler, Rudolf, unbekanntes Jahr. http://www.bin-br.at/Lernplattform/Paedago/Beg_Cod_Sym/Beg_Code_Symb.htm (Stand: 24.02.2013)

2.1 Die Farbe Gelb als Beispiel für aktive Unterdrückungssymbole

In der Geschichte finden sich viele Beispiele aktiver Unterdrückungssymbole. Besonders auffällig ist allerdings, dass dabei oft die Farbe Gelb eine bedeutende Rolle gespielt hat, beziehungsweise sie selbst das eigentlich stigmatisierende Element an den Symbolen gewesen ist. Da es allerdings so viele Beispiele gibt, dass allein schon die Abhandlung aller Symbole mit der Farbe Gelb zu umfangreich wäre, werden im Rahmen dieser Seminararbeit exemplarisch nur die Symbole behandelt, deren Verwendung oder Anordnung im deutschsprachigen Raum stattgefunden hat.

2.1.1 Gelbe Zwangssymbole im Mittelalter am Beispiel der Juden und Prostituierten

Ob Judenstern, ob gelber Ring, ob gelbes Kopftuch oder gelber Umhang, immer fand ein Einsatz der Farbe Gelb statt. Es gibt mehrere Gründe für die Verwendung der gelben Farbe: Zunächst einmal galt vor allem im Mittelalter Gelb als Schandfarbe [3] – wer, aus welchen Gründen auch immer, ein Leben in Schande führte, musste somit auch die Schandfarbe tragen. Des Weiteren spielte gerade im Mittelalter die Farbstoffgewinnung auch in der Frage, welche Farbe für welchen Zweck eingesetzt werden sollte, eine wichtige Rolle. Mit Gelb ist im Bezug auf das Mittelalter nicht ein sattes Gold-gelb gemeint, denn diese Farbe war nur sehr schwierig zu gewinnen und entsprechend dem Adel vorbehalten, sondern bei Gelb handelte es sich um ein blass-gräuliches Gelb, dessen Gewinnung aus Saflor (Färberdistel) und Wau (Gilbkraut) leicht und billig war. [4] Wichtigster Grund für die Verwendung der gelben Farbe war jedoch, dass sie eine Farbe ist, die auch im Dunkeln weithin sichtbar ist, sich nur schwer verstecken lässt und eher Aufmerksamkeit auf sich zieht als beispielsweise himmelblau. [5] Zusammenfassend lässt sich also festhalten, dass sich die Verwendung der Farbe Gelb damit erklären lässt, dass Gelb eine Warnfarbe mit Fernwirkung ist, deren Bedeutungshintergrund zudem noch in eine negative Konnotation zur mittelalterlichen Gesellschaft gestellt wurde.

Im deutschsprachigen Raum wurden bereits in etwa ab dem 12. Jahrhundert die sogenannten Judenhüte zur Kennzeichnung von Juden verwendet, [6] dieses wurde allerdings nicht schriftlich in einem Gesetz festgehalten.

Eine der ersten Quellen innerhalb Europas, in der die Zwangskennzeichnung einer oder mehrerer Minderheiten schriftlich festgehalten ist, stammt vom 4. Laterankonzil, das 1215 unter Papst Innozenz III. abgehalten wurde. [7] Während dieses Konzils wurden mehrere Dekrete und Beschlüsse

---

[3] Vgl.: Unbekannter Autor, unbekanntes Jahr. http://www.sternenfaengers-schatztruhe.de/Farbenlehre.htm (Stand: 03.10.2012)
[4] Vgl.: Ebd.
[5] Vgl.: Kuntner, Loralie, unbekanntes Jahr. http://www.farbe.com/gelb.htm (Stand: 03.10.2012)
[6] Vgl.: Steinfeld, Patricia-Charlotta: Jüdische Symbole und die Macht ihrer Farben im Mittelalter. In: Bennewitz, Ingrid/Schindler, Andrea: Farbe im Mittelalter: Materialität – Medialität – Semantik, Berlin 2011, S. 874
[7] Hierzu, sowie zum Folgenden vgl.: Schatz, Klaus: Allgemeine Konzilien – Brennpunkte der Kirchengeschichte,

des Papstes, sogenannte Canones, vorgestellt. Unter anderem befand sich darunter auch Canon 68, der besagt, dass Juden und Sarazenen - sowohl Männer, als auch Frauen - durch ihre Kleidung erkennbar sein und sich hierin von den Christen unterscheiden müssen. Auf die Absicht dahinter wird im nachfolgenden Kapitel genauer eingegangen. Im Jahre 1269 wurde zunächst in Frankreich durch Ludwig IX. für Juden angeordnet, die sogenannte „Rouelle" an der Kleidung zur Kennzeichnung zu befestigen.[8] Bei dieser handelte es sich um ein gelbes Rechteck, einen gelben Kreis oder einen gelben Ring. Diese Anordnung wurde dann auf dem deutschen Gebiet übernommen. Erstmalige Erwähnung findet der sogenannte „gelbe Fleck" oder „gelbe Ring" 1294 in Erfurt. In den darauffolgenden Jahrhunderten wurde die Zwangskennzeichnung von Juden mithilfe des Judenhutes oder des gelben Flecks wiederholt bestätigt und angeordnet. So bestimmte 1415 Papst Benedikt XIII. in einer Bulle, dass jeder Jude einen gelben oder roten Fleck zu tragen habe, die Männer auf Brusthöhe am Kleidungsstück, die Frauen am Schleier.[9] 1555 und 1566 bestätigten Papst Paul IV. beziehungsweise Papst Pius V. erneut diese Zwangsanordnungen bezüglich der Hüte und der gelben Zeichen. Das letzte Edikt zur jüdischen Zwangskennzeichnung stammt aus dem Jahr 1775 von Pius VI. in Bezug auf Papst Innozenz III.; dieses wurde 1797 in Folge der Französischen Revolution jedoch aufgehoben.

Allerdings wurden im Mittelalter nicht allein Juden durch gelbe Symbole zwangsgekennzeichnet. So geht es im folgenden Abschnitt um die sogenannten „Unehrlichen", also Menschen, die aufgrund ihrer Berufe als ehrlos galten und daher meist stigmatisiert, also zwangsgekennzeichnet wurden. Zwar unterschied sich die Unterteilung in unehrliche und ehrliche Berufe im Mittelalter regional und zeitlich teilweise sehr stark, die unterste Kategorie der unehrlichen Berufe, also die, die von allen am wenigsten Ehre besaßen, war jedoch überwiegend identisch.[10] Dieser gehörten im Allgemeinen die Henker, Totengräber, Schinder, Abdecker, Nachtwächter, sowie Prostituierte und deren Wirte an. Besonders um die Prostituierten und deren Zwangskennzeichnung soll es im folgenden Abschnitt gehen, da die Farbe, mit der diese gekennzeichnet wurden, meistens Gelb war. Häufigstes äußerliches Erkennungsmerkmal waren zu dieser Zeit gelbe Bänder, Schuhe oder Schleier. Diese konnten allerdings auch rot oder grün sein, da rot und grün ebenfalls als Schandfarben galten.[11]

So mussten Prostituierte in Wien beispielsweise ein gelbes Tuch an der Achsel tragen, das etwa

---

Paderborn 2008, S. 111 - 112

[8]Hierzu, sowie zum Folgenden vgl.: Steinfeld, Patricia-Charlotta: Jüdische Symbole und die Macht ihrer Farben im Mittelalter. In: Bennewitz, Ingrid/Schindler, Andrea: Farbe im Mittelalter: Materialität – Medialität – Semantik, Berlin 2011, S. 874 – 875; Anm.: Bild des Gelben Ringes siehe Anhang und Titelblatt

[9]Hierzu, sowie zum Folgenden vgl.: Ebd. S. 875

[10]Hierzu, sowie zum Folgenden vgl.: Horn, Jessica: Die „Unehrlichen" als Randgruppe der spätmittelalterlichen Gesellschaft: Strukturen und Lebenssituationen, München 2007, S. 5

[11]Vgl.: Ebd. S. 14f

handtellergroß war.[12] In Frankfurt am Main war ein gelber Saum Vorschrift und in Meran mussten sich kleine gelbe Fahnen auf den Schuhen befinden. Auch in Köln mussten sich die Prostituierten entsprechend kenntlich machen: Hier waren ein gelbes Kleid und Schellen Vorschrift. Jenes gelbe Kleid ist bis heute das bekannteste Zwangssymbol und gilt allgemein als die Kleidung der „Hübschnerin", wie die Prostituierte im Mittelalter oft bezeichnet wurde. Wie bereits erwähnt, ist diese Verallgemeinerung jedoch falsch, da sich die Kleiderordnung von Ort zu Ort unterschied.

Weiterhin ist belegt, dass nicht nur die Prostituierten selbst, sondern auch ihre Zuhälter, die sogenannten „Frauenwirte", bisweilen zwangsgekennzeichnet wurden. In Basel beschloss man beispielsweise, dass jeder Frauenwirt einen gelben Kugelhut mit drei aufgenähten Spielwürfeln zu tragen habe.[13] Bei Widerstand gegen diese Anordnung solle derjenige der Stadt verwiesen werden.

Allgemein lässt sich sagen, dass das Mittelalter eine Vielzahl an Beispielen von Unterdrückung durch Symbole bietet. Nicht nur Prostituierte und Juden, auch Henker, Ketzer, fahrendes Volk und andere Minderheiten unterlagen strengsten Auflagen, die von Ort zu Ort unterschiedlich waren.

2.1.2 Die Farbe Gelb im Nationalsozialismus

Das wohl bekannteste Zwangssymbol der Unterdrückung überhaupt, das Symbol für den Mord an einem gesamten Volk, ist der gelbe Judenstern, den die Nationalsozialisten in etwa ab 1939 Bürgern jüdischen Glaubens sowie Menschen mit jüdischen Vorfahren vorschrieben.[14]

Bereits vor der Einführung des Judensterns forderten viele Nationalsozialisten wiederholt die Einführung eines Zwangskennzeichens für Juden. Dies stellte in ihren Augen den nächsten logischen Schritt nach der Entrechtung und Ausgrenzung der Juden dar, die bereits wenige Monate nach der Machtübernahme der Nationalsozialisten begonnen hatten. So wurden Juden beispielsweise enteignet, jüdische Kinder durften keine öffentlichen Schulen mehr besuchen und auch der Eintritt in Kinos oder andere Ausgehmöglichkeiten wurden ihnen verboten oder zumindest beschränkt. Adolf Hitler schob die Entscheidung über die Zwangskennzeichnung zunächst jedoch hinaus. So stellte er 1937 in einer Rede klar, dass die Überlegung, eine Kennzeichnung einzuführen, bereits mehrere Jahre im Raum stehe und eines Tages auch umgesetzt werde, zumal das Endziel der nationalsozialistischen Politik allen bereits bekannt sei. Allerdings, so Hitler, sei das Wagnis zum gegenwärtigen Zeitpunkt noch zu groß. Das bedeutet, dass Hitler zu diesem Zeitpunkt das Risiko, von anderen Staaten wie England daraufhin den Krieg erklärt zu bekommen, und die Sorge vor negativen Reaktionen innerhalb der eigenenen Bevölkerung noch wesentlich zu hoch waren. Reinhard Heydrich - den Göring später mit der 'Endlösung der Judenfrage' beauftragte - forderte

---

[12]Hierzu, sowie zum Folgenden vgl.: Unbekannter Autor, 2007. http://www.burg-assum.de/articles.php?article_id=59 (Stand: 20.01.2013)

[13]Vgl.: Unbekannter Autor, unbekanntes Jahr. http://www.altbasel.ch/dossier/prostitution.html (Stand: 20.01.2013)

[14]Hierzu, sowie zum Folgenden vgl.: Kwiet, Konrad, 1988. http://www.spiegel.de/spiegel/print/d-13531193.html (Stand: 20.01.2013)

1938 nach der sogenannten Reichskristallnacht erneut eine Kennzeichnung der jüdischen Bevölkerung, doch wieder ließ Hitler verlauten, dass der Zeitpunkt noch nicht gekommen sei.[15] Erst mit Kriegsbeginn und dem Einmarsch der deutschen Truppen 1939 in Polen nahmen die Pläne der Einführung einer Zwangskennzeichnung weiter Gestalt an.[16] Noch im selben Jahr wurden im nun von Deutschland besetzten Polen Zwangssymbole für Juden angeordnet. In Deutschland kam dieser Zeitpunkt schließlich im Jahre 1941: Am 20. August 1941 erteilte Adolf Hitler die Zustimmung zur Einführung des Judensterns; Leiter des Projektes wurde der Reichspropagandaminister Goebbels. Ab dem 19. September 1941 galt schließlich im Deutschen Reich, sowie in allen deutsch besetzten Ländern die Polizeiverordnung über die Kennzeichnung der Juden, die besagte:

„§ 1. (1) Juden, die das sechste Lebensjahr vollendet haben, ist es verboten, sich in der Öffentlichkeit ohne einen Judenstern zu zeigen.

(2) Der Judenstern besteht aus einem handtellergroßen, schwarz ausgezogenen Sechsstern aus gelbem Stoff mit der schwarzen Aufschrift "Jude". Er ist sichtbar auf der linken Brustseite des Kleidungsstücks fest aufgenäht zu tragen.

[…]

§ 4. (1) Wer dem Verbot der §§ 1 und 2 vorsätzlich oder fahrlässig zuwiderhandelt, wird mit Geldstrafe bis zu 150 Reichsmark oder mit Haft bis zu sechs Wochen bestraft.
[...]"[17]

Inspiration für die gelbe Farbe als Zwangskennzeichen der Juden war das Mittelalter.[18] Der Stern, der als Symbol an den Davidsstern erinnerte und die schwarze Aufschrift „Jude", die in ihrer Form entfernt hebräischen Schriftzeichen ähnelte, können auch als Verhöhnung des jüdischen Glaubens gesehen werden. Ein Jahr später, am 01. April 1942, kam die Verordnung hinzu, die Juden nun oktroyierte ihre Wohnungen mit Judensternen, die neben dem Namensschild anzubringen waren, zu kennzeichnen.[19]

---

[15]Vgl.: Unbekannter Autor, unbekanntes Jahr. http://www1.yadvashem.org/odot_pdf/Microsoft%20Word%20-%205953.pdf (Stand: 20.01.2013)
[16]Hierzu, sowie zum Folgenden vgl.: Kwiet, Konrad, 1988. http://www.spiegel.de/spiegel/print/d-13531193.html (Stand: 20.01.2013)
[17]Vgl.: Unbekannter Autor, unbekanntes Jahr http://www.verfassungen.de/de/de33-45/juden41.htm (Stand: 20.01.2013) (Anm.: Digitale Version des Reichsgesetzblattes 1941, S. 547)
[18]Hierzu, sowie zum Folgenden vgl.: Stiebert, Maren, unbekanntes Jahr. http://www.ndr.de/geschichte/chronologie/nszeitundkrieg/judenstern100.html (Stand: 02.02.2013); Anm.: Bild siehe Anhang
[19]Vgl.: Ebd.

2.2 Die Absicht der Herrschenden

Obwohl sich die genannten Symbole in Form und Position an der Kleidung sowie anderen Details voneinander unterschieden, sind die Absichten derer, die sie jeweils angeordnet haben, doch relativ ähnlich bis gleich.

Zunächst einmal soll es um die Juden gehen. Im Mittelalter war die Gesellschaft vom Weltbild der christlichen Kirche stark geprägt beziehungsweise wurde von ihr beherrscht. Daher waren die verschiedenen bereits genannten Anordnungen der Päpste überhaupt von Erfolg gekrönt und wurden von den weltlichen Herrschern in ihren jeweiligen Herrschaftsgebieten umgesetzt. Die erste Anordnung durch Papst Innozenz III. beim vierten Laterankonzil entstand daraus, dass der Papst die religiöse und soziale Kontrolle über alles Andersartige übernehmen wollte und eine Vermischung des vermeintlich Fremden mit dem Christentum, beispielsweise durch Heirat, unterbinden wollte.[20] Eine Ghettoisierung des Judentums sollte stattfinden und so die Juden unter Kontrolle gehalten werden, deren Zahl im Mittelalter stark anstieg und je nach Ort und Region zwischen 3%[21] und 20% Anteil an der Gesamtzahl der Bevölkerung ausmachte. Hier ging es der herrschenden Gruppe also um die Erhaltung der Vormachtstellung des Christentums und gleichzeitig damit verbunden um eine Erleichterung der Umsetzung eines weiteren Kreuzzuges, der ebenfalls während des vierten Laterankonzils beschlossen wurde und die Rückeroberung des zuvor verlorenen Jerusalem zum Ziel hatte.[22] Die Zwangskennzeichen wurden somit hauptsächlich aus machtpolitisch-religiösen Gründen eingesetzt, was sich auch anhand dessen beweisen lässt, dass sich Juden, die zum Christentum konvertierten nicht mehr kennzeichnen mussten.

Etwas anders sah es im Dritten Reich aus. Hier hatte nicht mehr die christliche Kirche die Vormachtstellung, vielmehr besaßen die alleinige Herrschaft nun die Nationalsozialisten unter Führung Adolf Hitlers. Zur Propaganda der Nationalsozialisten gehörte eine Rassenideologie, die die sogenannten Arier über alle stellte, die die Nationalsozialisten nicht dazu zählten. Dies betraf auch die Juden, was sich etwa in den Nürnberger Rassegesetzen von 1935 widerspiegelt, die unter anderem eine Heirat zwischen einem Juden und einem Arier unterbanden.[23] Hier sind die Zwangskennzeichen, also die Judensterne, nur als ein weiterer Schritt der Verfolgung zu sehen. Die Juden sollten der Gewalt der Öffentlichkeit preisgegeben werden, ihnen sollte keine Möglichkeit gegeben werden, sich zu verstecken und gleichzeitig sollte so die Überwachung, Ghettoisierung und langsame Vernichtung der jüdischen Bevölkerung in den Konzentrationslagern erleichtert werden.

---

[20]Vgl.: Steinfeld, Patricia-Charlotta: Jüdische Symbole und die Macht ihrer Farben im Mittelalter. In: Bennewitz, Ingrid/Schindler, Andrea: Farbe im Mittelalter: Materialität – Medialität – Semantik, Berlin 2011, S. 874
[21]Hierzu, sowie zum Folgenden vgl.: Unbekannter Autor, unbekanntes Jahr. http://www.fremde-kulturen.de/kultur/juedische_kultur.htm (Stand: 02.02.2013)
[22]Vgl.: Schatz, Klaus: Allgemeine Konzilien – Brennpunkte der Kirchengeschichte, Paderborn 2008, S. 109
[23]Vgl.: Gasse, Susanne, unbekanntes Jahr. http://www.judentum-projekt.de/geschichte/nsverfolgung/gesetze/index.html (Stand: 12.02.2013)

Hitler ging also gemessen am Mittelalter noch einen Schritt weiter – er wollte nicht nur, dass die Juden von der Gesellschaft ausgeschlossen werden, er wollte die völlige Vernichtung dieser Bevölkerungsgruppe.

Wiederum anders lässt sich der Hintergrund der Zwangskennzeichen für Prostituierte sehen. Hier ging es nicht um die Vernichtung dieser Berufsgruppe, und auch ein kompletter Ausschluss aus der Gesellschaft ist hier nicht als Hauptziel zu sehen, wenngleich es sich dabei um einen zusätzlichen Grund gehandelt haben mag. Bei der Prostitution handelte es sich nach Ansicht der mittelalterlichen Gesellschaft um eine Form von Unzucht, dennoch wurde Prostitution geduldet, um zu verhindern, dass die Zahl der Gewalttaten - vor allem die der Vergewaltigungen - zunahm.[24] Somit ließ man einen unehrlichen Beruf zu, den man leicht hätte verbieten können, um die sogenannten ehrlichen Leute zu schützen. Die Einstellung der mittelalterlichen Gesellschaft zu dieser Berufsgruppe war also sehr zweischneidig. Einerseits wusste man um ihren Wert für Ruhe und Ordnung innerhalb der Gemeinschaft, andererseits galt dieses Gewerbe als unmoralisch und unzüchtig. Daher sollten sie nicht zu sehr Teil der Gesellschaft sein, sondern an dieser vielmehr vom Rande aus teilhaben. Doch nicht nur aus diesen Gründen heraus wurden Prostituierte zwangsgekennzeichnet. Männer und im besonderen verheiratete Männer oder Kleriker sollten nicht zu oft beziehungsweise gar nicht mit Prostituierten verkehren.[25] Sowohl der zu häufige Geschlechtsverkehr mit einer Prostituierten, als auch im Speziellen der Verkehr eines verheirateten Mannes oder eines Klerikers mit einer Prostituierten waren nämlich verboten und wurden mit schweren Strafen geahndet. Wenn die Frauen dieser Berufssparte gekennzeichnet waren, war es wesentlich schwerer, nicht mit ihnen gesehen zu werden, weswegen viele verheiratete Männer dieses Risiko eher nicht eingingen.

Ein weiterer Grund lässt sich aus der damaligen allgemeinen hygienischen und medizinischen Versorgung erkennen. Es ist anzunehmen, dass gerade Prostituierte im Mittelalter, in dem die Sterberate insgesamt eher hoch und die Lebenserwartung sehr niedrig lag, viele Krankheiten durch Freier bekamen und somit auch weiter übertrugen. Hier bestand also ein erhöhtes Ansteckungsrisiko, welches sich wahrscheinlich in der Ansicht, dass es sich bei diesem Beruf um etwas Unzüchtiges und Unehrliches handele, widerspiegelt und das man durch eine negativ konnotierte Zwangskennzeichnung reduzieren wollte.

Alles in allem lässt sich also festhalten, dass die Absicht der Herrschenden in diesen Fällen immer eine gezielte Ausgrenzung der Menschen aus der Gesellschaft war. Die maßgeblichen Hintergründe dafür unterscheiden sich jedoch in vielfältiger Weise.

---

[24]Hierzu, sowie zum Folgenden vgl.: Horn, Jessica: Die „Unehrlichen" als Randgruppe der spätmittelalterlichen Gesellschaft: Strukturen und Lebenssituationen, München 2007, S. 12
[25]Hierzu, sowie zum Folgenden vgl.: Horn, Jessica: Die „Unehrlichen" als Randgruppe der spätmittelalterlichen Gesellschaft: Strukturen und Lebenssituationen, München 2007, S. 12f

2.3 Die Wirkung auf das Volk

Die beabsichtigten Ergebnisse solcher Zwangskennzeichnungen wurden in sehr unterschiedlichem Maße erreicht, da die Wirkung der jeweiligen Zeichen ziemlich verschieden war.

Zunächst einmal soll die Wirkung der gelben Zwangszeichen der Juden im Mittelalter betrachtet werden. Zur Verpflichtung, gelbe Symbole zu tragen, kam hinzu, dass Juden keiner Handwerkerzunft angehören, keine öffentlichen Ämter und auch keinen Grundbesitz haben durften.[26] Daher waren viele Juden im Handel und in Geldgeschäften tätig. Im Gegensatz zu den Christen durften sie Geld gegen Zinsen verleihen, allerdings nur an Nicht-Juden. Dies brachte vielen Juden neben einem gewissen Reichtum auch einen Ruf als Wucherer und Verbrecher ein. Über Jahrhunderte hinweg entstanden hier also neben Schuldnerbeziehungen stetig größer werdender Neid und Hass in der übrigen Bevölkerung, die sich darin widerspiegelten, dass den Juden die Schuld an Kriegen, Hungersnöten und Krankheiten, wie beispielsweise auch der Pest, gegeben wurden. Außerdem wurden die Juden oftmals beschuldigt, Kinder zu entführen oder sogar zu essen und in Kirchen Hostien zu schänden. Dieser beständig geschürte Hass gipfelte in zahlreichen Pogromen; Massenmorde und Gewalt an und gegen Juden waren die Folge. So zum Beispiel das sogenannte Rintfleisch-Pogrom, bei dem 1298 unter der Führung des Fleischermeisters Rintfleisch eine Gruppe von Judenschlägern durch Franken zog und die jüdischen Gemeinden in verschiedenen Orten geradezu massakrierte.[27] Betroffen waren insgesamt etwa 140 Ortschaften bei einer Opferzahl von ungefähr 5000 Juden, wobei ein Teil dieser Opfer nicht von Rintfleischs Gefolge selbst getötet wurde, sondern von der übrigen Bevölkerung, welche durch diese Gruppe aufgehetzt worden war. Grund für dieses Massaker selbst war die Behauptung, Juden hätten im fränkischen Röttingen zur Osterzeit eine Hostie geschändet. Der Wahrheitsgehalt dieser Behauptung ist zweifelhaft und nicht belegbar, was es wahrscheinlicher erscheinen lässt, dass es sich hier um eine willkürliche Behauptung handelte, die bei der breiten Masse der Bevölkerung willkommen war und daher als Rechtfertigung für das Massaker vorgeschoben wurde. Später folgten zahlreiche weiter Pogrome, das Rintfleisch-Pogrom war jedoch eines der ersten großen, denen eine große Zahl Juden zum Opfer fielen. Gewalttaten dieser Art wurden wiederum durch die Stigmatisierung der Juden wesentlich vereinfacht. Das Auffinden der jüdischen Gemeinden war kein langwieriger Suchprozess mehr, vielmehr musste man eigentlich nur die Augen offen halten und abwarten.

Auch an der Darstellung der Juden in Bildern aus dem Mittelalter zeigt sich der wachsende Hass und Neid – und die Rolle der gelben Symbole, besonders des Judenrings. Dies lässt sich zum

---

[26] Hierzu, sowie zum Folgenden vgl.: Jacob, Frank-Dietrich/Engel, Evamaria: Städtisches Leben im Mittelalter: Schriftquellen und Bildzeugnisse, Köln 2006, S. 191
[27]Hierzu, sowie zum Folgenden vgl.: Nig, Cathleen K: Antisemitische Stereotype und Mythen, München 2009, S. 11

Beispiel gut anhand des Gemäldes mit dem Titel „Kemptener Kreuzigung"[28], das ungefähr aus der Mitte des 15. Jahrhunderts stammt, erläutern. Auf den ersten Blick handelt es sich hier um eine normale Darstellung der Kreuzigungsszene Jesu, doch findet sich in der rechten unteren Ecke ein interessantes Detail: Hier kämpfen vier Gestalten teilweise mit Schwertern bewaffnet miteinander. Es scheint um Geld zu gehen, das wahrscheinlich im Rahmen eines Würfelspiels verloren oder gewonnen wurde. Diese Figuren werden also als gewaltbereite, spielsüchtige Verbrecher dargestellt. Doch das auffälligste Detail ist, dass eine der Figuren einen gelben Kragen mit hebräisch anmutenden Schriftzeichen hat und zudem - deutlich erkennbar auf der schwarzen Kleidung – einen gelben Ring aufgenäht trägt. Sie stellt also einen Juden dar. Die Zwangssymbole wurden hier deutlich verwendet, um diesen Verbrecher als solchen kenntlich zu machen. Dies zeigt, dass die gelben Symbole die Juden für die breite Bevölkerung mit Verbrechern gleichgesetzt haben. Sie waren also deutlich wahrnehmbar gesellschaftlich stigmatisiert.

Zusammenfassend lässt sich somit sagen, dass bezogen auf die Juden im Mittelalter die tatsächliche Wirkung der Symbole auf das Volk weitgehend der Absicht der Herrschenden und der Kirche entsprachen.

Etwas anders hingegen wirkten sich die Zwangszeichen der Prostituierten auf das Volk aus. Dies scheint eher ambivalent gewesen zu sein. Zwar war die Gesellschaft stark von der Kirche geprägt, die die Prostitution klar als Unzucht herausstellte, dennoch war die Bevölkerung den Prostituierten gegenüber nicht grundsätzlich negativ eingestellt. Vielmehr gibt es Belege dafür, dass viele Menschen die Prostitution lediglich als alltägliches Gewerbe betrachteten, sofern sie Geschlechtsverkehr mit unverheirateten Frauen nicht als Untat ansahen.[29] Folglich war hier eine relativ neutrale Grundstimmung innerhalb der Bevölkerung vorhanden, der scheinbar auch die Zwangsmarkierung und weitere Verbote, wie etwa, dass die Teilnahme am Gottesdienst untersagt war, nicht schadeten.[30] Dies könnte daran liegen, dass auch im Mittelalter die jungen Frauen nicht unbedingt freiwillig in diesem Gewerbe tätig waren, sondern vielmehr mussten viele aus Armut heraus in diesem Beruf ihren Lebensunterhalt sichern. Man kann sogar einen Schritt weitergehen. Im Mittelalter herrschte gemeinhin der Glaube, dass Prostituierte über Heilkräfte verfügten und Glück und Fruchtbarkeit bringen konnten, allerdings, so der Glaube, konnten sie dank ihrer Kräfte auch das genaue Gegenteil, also Unglück und Verderben bewirken.[31] Durch die gelben Zwangszeichen waren die Prostituierten unmissverständlich gekennzeichnet, also wurde eine

---

[28]Vgl.: http://upload.wikimedia.org/wikipedia/commons/2/23/Kemptener_Kreuzigung.jpg (Stand: 16.02.2013) (s. Anhang)

[29]Vgl.: Unbekannter Autor, unbekanntes Jahr. http://www.deutschland-im-mittelalter.de/prostitution.php (Stand: 16.02.2013)

[30]Hierzu, sowie zum Folgenden vgl.: Horn, Jessica: Die „Unehrlichen" als Randgruppe der spätmittelalterlichen Gesellschaft: Strukturen und Lebenssituationen, München 2007, S. 14

[31] Vgl.: Ebd. S. 14f

gewisse Distanz zwischen ihnen und dem Rest der Bevölkerung geschaffen. Da die Bevölkerung oftmals die Prostitution als etwas völlig natürliches ansah, lässt sich heute annehmen, dass die Prostituierten durch die gelben Zwangssymbole deutlich als etwas gewissermaßen Besonderes und im Verborgenen Liegendes gekennzeichnet wurden, was sie wiederum für die Bevölkerung noch interessanter werden ließ. Infolgedessen fand hier eine – von den Herrschenden unerwünschte – Mystifizierung dieses Berufsstandes statt. Im sogenannten Dritten Reich geschah nach der Einführung der Judensterne etwas anderes. Einerseits förderte der Judenstern, ähnlich wie im Mittelalter der konische Hut oder der Judenring, die Gewalt gegenüber den Juden erheblich, schließlich waren sie nun klar erkennbar gekennzeichnet. Hierbei traf es besonders die jüdischen Kinder, erzählte die jüdische Zeitzeugin Inge Deutschkron.[32] Da die deutschen Kinder in der Schule der Propaganda gegen Juden ausgesetzt wurden und die Eltern oft entweder selbst Nationalsozialisten waren oder nicht den Mut hatten, ihren Kindern ein anderes Weltbild zu vermitteln, kam es gerade nach der Einführung der Judensterne oft zu Prügeleien unter Kindern: Nichtjüdische Kinder schlugen auf jüdische Kinder ein.

Auch freuten sich einige Deutsche über die Kennzeichnungspflicht und beschwerten sich, dass beispielsweise Juden in sogenannten Mischehen nicht davon betroffen waren.[33]

Doch nicht alle Deutschen reagierten so auf die Kennzeichnungspflicht. Zwar gab es nicht wie im besetzten Westeuropa Protestdemonstrationen gegen die Judensterne, dennoch kam es vielerorts zu einzelnen Sympathie- und Solidaritäts- sowie Mitleidsbezeugungen. So wurden Juden beispielsweise Lebensmittel oder Lebensmittelkarten zugesteckt, die sie sonst so nicht mehr bekommen konnten, berichtete die Zeitzeugin Inge Deutschkron.[34] Auch wurden Juden vereinzelt in öffentlichen Verkehrsmitteln hauptsächlich von Arbeitern Sitzplätze angeboten. So soll ein Berliner Arbeiter zu einem Juden gesagt haben: "Setz dir hin, olle Sternschnuppe." Als sich ein Parteigenosse darüber beschwerte, fuhr er ihn an: "Üba meenen Arsch verfüje ick alleene."[35]

Im Bezug auf Hitlers Deutschland lässt sich also zusammengefasst berichten, dass den Judensternen längst nicht alle Deutschen positiv gegenüber standen, sondern vielmehr viele Mitleid für das Schicksal der jüdischen Bevölkerung empfanden. Zwar zeigten nicht alle dies und nahmen vielmehr die bis heute bekannte Rolle des stillen Zuschauers ein, dennoch berichteten einige jüdische Zeitzeugen später von zahlreichen Gelegenheiten, in denen ihnen wenigstens kurz die Hilfe eines oder einer Deutschen zuteilwurde. Folglich lässt sich zum Judenstern in Bezug auf das Verhältnis zwischen Absicht und Wirkung also sagen, dass hier die Nationalsozialisten zum Teil nicht die Zustimmung der Bevölkerung hatten und sich eine starke Differenz zwischen Absicht und Wirkung

---

[32]Vgl.: Kwiet, Konrad, 1988. http://www.spiegel.de/spiegel/print/d-13531193.html (Stand: 16.02.2013)
[33]Vgl. Ebd.
[34]Vgl.: Ebd.
[35]Vgl.: Ebd.

nachweisen lässt.

3. Passive Unterdrückungssymbole

Als passive Unterdrückungssymbole werden hier Symbole bezeichnet, die von der Bevölkerung oder einer Minderheit des Volkes stellvertretend für ihren Herrscher oder ihre Regierung standen von der sie sich unterdrückt fühlten. Das bedeutet, dass diese Symbole im Normalfall nicht gezielt von den Herrschenden zur Unterdrückung eingesetzt waren, sondern lediglich als solche wahrgenommen wurden, da sich die Bevölkerung zum Beispiel von ihren Herrschern unterdrückt fühlte. Dabei handelte es sich meist um Gebäude, bestimmten Schmuck oder Gegenstände die beispielsweise nur Adlige verwendeten. Im Folgenden werden als Beispiel für passive Unterdrückungssymbole die Gegenstände, die beim Wartburgfest 1817 verbrannt wurden, behandelt und anhand dessen die Leitfrage der Seminararbeit beantwortet werden.

3.1 Objekte des Wartburgfests 1817 als Beispiel für passive Unterdrückungssymbole

Nachdem mit Napoleon in den deutschen Staaten weitreichende Veränderungen und Reformen stattgefunden hatten, im Zuge derer die Bürger eine liberalere Zeit erlebt hatten und mit den Befreiungskriegen gegen Napoleon 1813 ein gesamt deutscher Nationalstolz entstanden war, begann mit dem Wiener Kongress zwischen 1814 und 1815 unter der Leitung des österreichischen Fürsten Metternich die Zeit der Restauration.[36] Bei dieser handelte es sich um den Versuch der völligen Wiederherstellung der alten Ordnung, wie sie vor Napoleon und der französischen Revolution geherrscht hatte. Gegen diesen Rückschritt entstanden besonders an den Universitäten der deutschen Einzelstaaten Protestgruppen, die sogenannten Burschenschaften, die hauptsächlich Forderungen nach Grundrechten, einer Verfassung und einem geeinten deutschen Nationalstaat stellten. In den folgenden Jahren vergrößerten sich diese Gruppen zunehmend und am 18.Oktober 1817 lud die Burschenschaft der Universität Jena zu einem Fest auf der Wartburg ein, bei dem der vierte Jahrestag der Völkerschlacht von Leipzig und der 300. Jahrestag der Reformation gefeiert werden sollte.[37] Hier wurden vor allem Reden gehalten, bei denen zu Freiheit, Gerechtigkeit und einem einheitlichen Deutschland aufgerufen wurde. Mit diesen Reden endete der offizielle Teil des Festes, allerdings blieben circa 30 Burschenschaftler zurück, die beschlossen, ein politisches Zeichen gegen die Restauration zu setzen. In Erinnerung an Luther, der 1520 vor dem Elsertor in Wittenberg die päpstliche Bannbulle und die kanonischen Rechtschriften öffentlich verbrannt

---

[36]Hierzu, sowie zum Folgenden vgl.: Unbekannter Autor, unbekanntes Jahr. http://www.geschichtsinfos.de/wiener-kongress-18141815/ (Stand: 24.02.2013)

[37]Vgl.: Unbekannter Autor, unbekanntes Jahr. http://www.arminia.net/index.php/ueber-uns/geschichte/burschenschaftliche-geschichte/8-wartburgfest.html (Stand: 03.10.2012)

hatte,[38] wurden nun ebenfalls Bücher und Schriften, aber auch Perückenzöpfe und Schnürleibchen als Symbole der Unterdrückung und Restauration verbrannt.[39]

3.2 Die tatsächliche Absicht der Herrschenden

Ursprüngliches Ziel der Restauration war für die Fürsten hauptsächlich der Versuch, ihre absolute Macht zu erhalten und die revolutionären Kräfte zurück zu drängen beziehungsweise klein zu halten. Unterstützt wurden sie dabei von restaurativen Autoren wie August von Kotzebue, der als Erzfeind des burschenschaftlichen Gedankens galt und viele Hetzschriften gegen die Burschenschaften geschrieben hatte.[40] Seine Schriften wurden genauso verbrannt wie die des Christoph von Kamptz, Autor einer Sammlung der erlassenen gültigen Polizeigesetze in deutschen Staaten. Insofern bestand ein Unterdrückungsverhältnis gegenüber Teilen des Volkes, zu dessen Durchsetzung jedoch nicht die verbrannten Perückenzöpfe und Schnürleibchen als Symbole gezielt eingesetzt wurden. Die Perückenzöpfe und die Schnürleibchen waren die üblichen Kleidungsstücke der Adligen dieser Zeit – für die weitläufige Bevölkerung dieser Zeit waren diese zwar nicht verboten, allerdings meist zu teuer und auch nicht alltagstauglich.

3.3 Die Wirkung auf das Volk

Für die Burschenschaftler dagegen waren diese Zeichen Symbole der Adligen, und daher Zeichen der Unterdrückung. Hier handelte es sich also um Symbole, die stellvertretend für Personen verbrannt wurden. Man kann dies also als Zurschaustellen revolutionären Protestes gegen die Obrigkeit verstehen – die Symbole sind hier Mittel zum Zweck und Stellvertreter derer, von denen sich die Burschenschaftler tatsächlich unterdrückt fühlen, nämlich den Adligen.

4. Aktuelles Beispiel für Symbole der Unterdrückung

Im Folgenden soll noch ein vergleichsweise aktuelles Beispiel für ein Unterdrückungssymbol vorgestellt werden. Dieses gehört zwar zu den aktiven Unterdrückungssymbolen, dennoch soll es in diesem Kapitel unabhängig von diesen vorgestellt werden. Damit soll gezeigt werden, dass die Unterdrückungssymbole keine Erscheinung der Vergangenheit sind, sondern auch heute noch vorkommen können.

Im Jahr 2001 erließ in Afghanistan die Taliban-Regierung ein Gesetz, demzufolge Hindus einen

---

[38]Vgl.: Ebd.
[39]Vgl.: Unbekannter Autor, unbekanntes Jahr. http://www.gymnasium-meschede.de/projekte/romantik/wartburgfest.htm (Stand: 03.10.2012)
[40]Hierzu, sowie zum Folgenden vgl.: Unbekannter Autor, unbekanntes Jahr. http://www.arminia.net/index.php/ueber-uns/geschichte/burschenschaftliche-geschichte/8-wartburgfest.html (Stand: 03.10.2012)

gelben Punkt auf Brusthöhe tragen sollen.[41] Ausgenommen davon wurden die Sikhs, da diese bereits durch ihren Turban zu Genüge gekennzeichnet sind. Ebenfalls nicht von dieser Anordnung betroffen waren Ausländer. Als Grund wurde vorgeschoben, dass diese Zeichen dem Schutz vor Missverständnissen dienen sollten. Allerdings kann man angesichts der Tatsache, dass es sich bei der Taliban um eine islamistische Gruppierung handelt, davon ausgehen, dass hinter diesem Handeln der Regierung vielmehr die gezielte Abgrenzung der Hindus von Muslimen steckte. Somit kann man annehmen, dass das eigentliche Ziel dahinter letzten Endes eine Ghettoisierung der Hindus war.

Nach der militärischen Entfernung der Regierung der Taliban in Afghanistan ist diese Verordnung abgeschafft worden, allerdings findet in Afghanistan bis heute eine starke Verfolgung der hinduistischen Minderheit statt.[42] Somit kann man annehmen, dass eine Zwangskennzeichnung von Teilen der Bevölkerung begrüßt worden ist.

5. Fazit

Insgesamt lässt sich sagen, dass die Antworten auf die Leitfrage sehr unterschiedlich ausfallen. Absicht und Wirkung gehen besonders bei den aktiven Symbolen teilweise wirklich stark auseinander. Bei den passiven Symbolen zeigt sich dagegen, dass obwohl keine bewusste Absicht zur Unterdrückung dahinter steckt, die Wirkung umso stärker auf andere Bevölkerungsschichten sein kann.

Bezogen auf die aktiven Unterdrückungssymbole lässt sich festhalten, dass der Versuch der jeweiligen Herrscher, die öffentliche Meinung der Gesellschaft gezielt durch Symbole zu lenken und Randgruppen auszuschließen, teilweise nicht funktioniert hat und diese Zeichen in Teilen der Bevölkerung vielmehr Mitleid erregt haben oder sogar eine Mystifizierung auslösten - also eigentlich das genaue Gegenteil dessen, was ursprünglich beabsichtigt wurde. Entsprach dagegen die Wirkung auf das Volk der Absicht der Herrscher, so hatte diese oft ein geradezu zerstörerisches Ausmaß, wie sich beispielsweise am Rintfleisch-Pogrom zeigt.

Man muss betonen, dass Zwangssymbole keine reine Sache der Vergangenheit sind, vielmehr finden sich auch heute noch vielerorts Beispiele für Unterdrückungssymbole. Diese Thematik hat also auch heute noch einen hohen Wichtigkeitsanspruch und darf nicht übersehen werden.

Gültigkeit für beide Symbolarten besitzt wohl die Aussage, dass sie unabhängig von der Zeit leicht zu undifferenzierten und auch unbegründeten Taten gegen Angehörige einzelner Gesellschaftsgruppen beitragen oder beitrugen, da das Verhalten des einzelnen Individuums im Schatten des Symbols stehen kann.

---

[41]Hierzu, sowie zum Folgenden vgl.: Unbekannter Autor, 2001. http://www.faz.net/aktuell/politik/afghanistan-hindu-minderheit-muss-gelben-punkt-tragen-120304.html (Stand: 24.02.2013)
[42]Vgl.: Dr. Merzadah, Chellaram, Jahr unbekannt. http://www.afghan-hindu-germany.de/ (Stand: 24.02.2013)

6. Anhang

Der in Kapitel 2.1.1 angesprochene „Gelben Fleck" bzw. Ring.

Quelle:

http://www.bessarabia.altervista.org/deu/0zumvertiefen/images/juden_wien/jude_gelber_ring.jpg

(Stand: 05.04.2013)

Judenstern aus der Zeit des Nationalsozialismus, der in Kapitel 2.1.2 beschrieben wird.

Quelle: http://www.dhm.de/lemo/objekte/pict/xx002704/ (Stand: 05.04.2013)

„Kemptener Kreuzigung", das Gemälde, auf das in Fußnote 28 in Kapitel 2.3 verwiesen wird.

Quelle: http://upload.wikimedia.org/wikipedia/commons/2/23/Kemptener_Kreuzigung.jpg

(Stand: 16.02.2013)

Das Wartburgfest 1817, das in Kapitel 3.1 beschrieben wird.

Quelle:　　http://www.gymnasium-meschede.de/projekte/romantik/wartburgfest.htm　　(Stand: 03.10.2012)

7. Quellen – und Literaturverzeichnis

- Unbekannter Autor, unbekanntes Jahr. http://www.altbasel.ch/dossier/prostitution.html (Stand 20.01.2013)
- Unbekannter Autor, unbekanntes Jahr. http://www.arminia.net/index.php/ueber-uns/geschichte/burschenschaftliche-geschichte/8-wartburgfest.html (Stand: 03.10.2012)
- Bäumler, Rudolf, unbekanntes Jahr. http://www.bin-br.at/Lernplattform/Paedago/Beg_Cod_Sym/Beg_Code_Symb.htm (Stand: 24.02.2013)
- http://www.bessarabia.altervista.org/deu/0zumvertiefen/images/juden_wien/jude_gelber_rin g.jpg (Stand: 05.04.2013)
- Unbekannter Autor, 2007. http://www.burg-assum.de/articles.php?article_id=59   (Stand: 20.01.2013)
- Unbekannter Autor, unbekanntes Jahr. http://www.deutschland-im-mittelalter.de/prostitution.php (Stand: 16.02.2013)
- http://www.dhm.de/lemo/objekte/pict/xx002704/ (Stand: 05.04.2013)
- Unbekannter Autor, 2001. http://www.faz.net/aktuell/politik/afghanistan-hindu-minderheit-muss-gelben-punkt-tragen-120304.html (Stand: 24.02.2013)
- Unbekannter Autor, unbekanntes Jahr. http://www.fremde-kulturen.de/kultur/juedische_kultur.htm (Stand: 02.02.2013)
- Gasse, Susanne, unbekanntes Jahr. http://www.judentum-projekt.de/geschichte/nsverfolgung/gesetze/index.html (Stand: 12.02.2013)
- Unbekannter Autor, unbekanntes Jahr. http://www.geschichtsinfos.de/wiener-kongress-18141815/ (Stand: 24.02.2013)
- Unbekannter Autor, unbekanntes Jahr. http://www.gymnasium-meschede.de/projekte/romantik/wartburgfest.htm (Stand: 03.10.2012)
- Horn, Jessica: Die „Unehrlichen" als Randgruppe der spätmittelalterlichen Gesellschaft: Strukturen und Lebenssituationen, München 2007
- Jacob, Frank-Dietrich/Engel, Evamaria: Städtisches Leben im Mittelalter: Schriftquellen und Bildzeugnisse, Köln 2006
- Kuntner, Loralie, unbekanntes Jahr. http://www.farbe.com/gelb.htm (Stand: 03.10.2012)
- Kwiet, Konrad, 1988. http://www.spiegel.de/spiegel/print/d-13531193.html   (Stand: 20.01.2013)
- Merzadah, Chellaram, unbekanntes Jahr. http://www.afghan-hindu-germany.de/   (Stand: 24.02.2013)
- Nig, Cathleen K: Antisemitische Stereotype und Mythen, München 2009

– Schatz, Klaus: Allgemeine Konzilien – Brennpunkte der Kirchengeschichte, Paderborn 2008

– Steinfeld, Patricia-Charlotta: Jüdische Symbole und die Macht ihrer Farben im Mittelalter. In: Bennewitz, Ingrid/Schindler, Andrea: Farbe im Mittelalter: Materialität – Medialität – Semantik, Berlin 2011, S. 867 – 880

– Unbekannter Autor, unbekanntes Jahr. http://www.sternenfaengers-schatztruhe.de/Farbenlehre.htm (Stand:03.10.2012)

– Stiebert, Maren, unbekanntes Jahr. http://www.ndr.de/geschichte/chronologie/nszeitundkrieg/judenstern100.html (Stand: 02.02.2013)

– Unbekannter Autor, unbekanntes Jahr. http://www.verfassungen.de/de/de33-45/juden41.htm (Stand: 20.01.2013)

– http://upload.wikimedia.org/wikipedia/commons/2/23/Kemptener_Kreuzigung.jpg (Stand: 16.02.2013)

– Unbekannter Autor, unbekanntes Jahr. http://www1.yadvashem.org/odot_pdf/Microsoft%20Word%20-%205953.pdf (Stand: 20.01.2013)

– Young, Iris Marion: Fünf Formen der Unterdrückung. In: Horn, Christoph/Scarano, Nico: Philosophie der Gerechtigkeit, Frankfurt 2002, S. 428-445